LA PVBLIQVE RESIOVISSANCE

DE LA VILLE DE PARIS.

Sur l'Heureux Retour de sa Majesté en sadicte ville de Paris.

VIVE LE ROY VICTORIEVX, IVSTE ET MAGNANIME.

A PARIS,

De l'Imprimerie de N. ALEXANDRE
ruë de la Parcheminerie.

M. DC. XXIII

[illegible]

LA PVBLICQVE

Reſiouyſſance de la ville de Paris,
ſur le Retour de ſa Majeſté.

VIVE LE ROY VICTORIEVX
IVSTE ET MAGNANIME.

HA ! le voicy arriué ce grãd Roy, Soleil des Roys, ce Mars, cet Inuincible, orné de trophées, enuironné de Lauriers, & chargé de Victoires, ſes effects glorieux vollent par tout l'Vniuers, la Palme à la main, il Triomphe, non de la ſorte des Ceſars, ny des Alexandres qui aſſeruiſſoient ceux qu'ils auoient ſubiuguez;

Mais à la façon de Henry le
Grand son pere, le plus grand
Monarque de la Terre qui fai-
soit plus de gloire de pardonner
que de vaincre; Celuy-cy son fils
successeur legitime de ses heroï-
ques vertus, aussi bien que de
son sceptre, Triomphant fait
Triompher ses ennemis vaincus
par sa clemence, à laquelle il
donne plus d'auantage qu'à sa
Iustice, & les fait jouyr de leur
liberté premiere, Tout obeys-
sant à ses Loix & (ses Prouinces
escartées de leur debuoir le re-
cognoissant pour Roy absolu en
son Royaume) il a interiné les
tres-humbles prieres & supplica-
tions de ce peuple desuoyé qui a
imploré sa misericorde.

Quelle Valeur est compara-
ble à la sienne ? Quel honneur

surmonte sa gloire ; Et qu'elle
douceur excedde sa clemence:
Quatre-vingts quatorze villes
reduicte a son obeyssance par ses
armes victorieuses, sont les mar-
ques de ses conquestes, & les
arcs-boutans de son Triomphe.

O peuple de Paris esioüy toy,
de tant de bon-heur qui t'arriue,
Crie a haute voix, VIVE LE
ROY, VICTORIEVX, MA-
GNANIMÉ ET INCOMPA-
RABLE.

Ce beau Soleil du Royaume,
de long-temps esclipsé, te re-
donne sa clarté, & ces belles lu-
mieres (nos Princes) qui em-
pruntent leurs rayons de ce bel
Astre, reprenét la demeure qu'ils
auoient abandonnée par son ab-
sence : Ha ! que de Ioye: Ha!
que d'Allegresse. La France

(tousiours tremblotente de peur
que quelque mauuais esclandre.
n'arriuaſt à ce grand Roy, ſon
appuy; Et en deüil de la perte de
tant d'enfans qu'elle voyoit in-
ceſſamment mettre à la ſepultu-
re) arreſte le cours de ſes larmes,
& raſſerene ſon viſage abbatu de
triſteſſe, du Triomphant retour
de ſon nouueau Reſtaurateur en
ſa ville Capitalle: Que l'eſiouiſ-
ſance donc s'eſtende par tout!
Que les plaintes & regrets ne fa-
cent plus de ſe-jour parmy nous:
Puis que nous voyons à nos
yeux l'aimable ſujet de nos joyes.

Qui euſt iamais creu qu'au
plus fort des nuages de nos deſ-
plaiſirs vn printemps gracieux
euſt ſitoſt fait naiſtre vn iour
calme & ſerain? qui ce fuſt ima-
giné que ce tant deſiré retour de

noſtre Alcide, euſt ſi prompte-
ment ceſſé nos complainctes?
Nous eſtions ſuffoquez par nos
ſuſpirs, quand ce coup du Ciel
(donnant vie à nos contente-
mens) rendit Montpellier en
l'obeyſſance de ſon naturel, &
legitime Prince, & qu'à ſon exé-
ple les autres villes diuiſées,
apprehendans la colere de ce genereux Monarque flechirent aux
loix de ſes volontez ; Cet heureux ſuccé donna vn mouuemét
de plaiſir à la langue de tous les
bons Fraçois, pour crier & faire
retétir iuſques aux Cieux, VIVE
LE ROY, & publier par tout ſon
renom glorieux, l'Egliſe en chã-
ta à Dieu ſes Cantiques.

O que cette ruyne de la Sedi-
tion fait viure d'ames contentes;
finiſſant les maux, & appaiſant

les langueurs, elle consolide les
cœurs Fleuderisez, qui estoient
vlcerez du desplaisir de voir que
le reuolte vouloit ternir la blā-
cheur, & le lustre des Lys rauis-
sant au Roy (qui en est le Prote-
cteur) son authorité. De ce per-
turbateur du repos public, naiſ-
soiēt les dissentiōs estaintes & aſ-
soupies auec la fin de ce Mōstre.
Resiouy-toy donc maintenāt
ô France (la plus belle Monar-
chie du Monde) qui foulles a tes
pieds ton ennemy! Tu cessóis de
viure heureuse accablée d'affli-
ctions, & succombois presque
soubz le faix de tes ennemis, si
cet euenement n'eust aneanty ta
souffrance; Bellonne & Mars
enflammans le courage de ton
GRAND ROY, l'auoient armé
pour destruire la Rebellion, &
main-

maintenant Aftrée comblât fon ame de douceur, luy ofte l'efpée de la main, pour faire viure l'o-beiffance qui eft deuë à fa Maje-fté par fes fubiects mutinez.

Grande debonnaireté de cet INVINCIBLE, auffi toft qu'on re-cognoift fa faute on en obtient le pardon. Ce grand corps re-bellé coftoioit fa fin, fi ce Triom-phant Hercules, ne l'euft retiré de la fepulture par les bras de fa Mifericorde ; La vigilance de noz Princes, & des Marefchaux de France, & des Gouuerneurs generaux auoiét en toutes parts & tous lieux reduit à telle extre-mité les villes côteftâtes qu'elles eftoient à la veille de leur fac, fi elles n'euffent preuenu leur cha-ftiment par leur recognoiffance.

La Rochelle (la plus impor-

tante de toutes) battue par terre
par Messieurs les Comte de
Soison, & Mareschal de Vitry,
& par Mer par Monseigneur le
Duc de Guise, General de l'Armée Naualle du Roy, estoit pro-
che de sa ruine; Et ce foudre de
guerre Monsieur de Vitry (qui
cõbat aussi bien en Soldat qu'en
Capitaine, tant ardent est son
courage) l'auoit reduitte à tel
point par les perpetuelles atta-
ques, & continuelles escarmou-
ches du fort opposé à leurs mu-
railles, qu'elle minutoit des-ja les
termes de sa reduction, lors que
receuant vn dur eschec par Mer
de l'armée cõmandée par Mon-
dit sieur Duc de Guise (qui mit
la sienne à vauderoute) elle se
souzmit aux loix du deuoir pour
joüir de la grace que le Roy

auoit donné aux autres villes ſes
aſſociées, Ce n'eſt pas d'aujour-
d'huy que ce grand Mareſchal
de Vitry a rédu de bons ſeruices
à ſa Majeſté & à la France, C'eſt
luy qui d'vn courage ſans peur,
aſſiſté de ſa ſeule valeur, deſireux
du repos de ſa patrie, & ſoigneux
de cóſeruer l'authorité du Roy,
dompta l'ennemy de noſtre trá-
quilité, & eſtouffa le vipere qui
auoit empoiſonné la France de
diſſentions : Ce ſalutaire office
rendu au Lys ſuiuit de pres celuy
que deffunct Monſieur de Vitry
ſon Pere, rendit ſi heureuſement
par la priſe d'vn qui tramoit la
perte de l'Eſtat ſoubz le paiſible
regne du Grand Henry : Ce grád
Capitaine deſſédu de la tige de ſi
Illuſtre maiſon enſuit la trace de
ſes deuanciers qui luy ont frayé

le chemin de la vertu, laquelle il
cherit de telle sorte qu'il est esti-
mé l'vn des plus braues & vaillãs
de la Cour.

O France! heritage du plus
grand Roy du monde & du fils
aisné de l'Eglise, orés que parue-
nuë au sommet de ta perfection
tu braues le diuorces, esleue tes
brãches verdoyantes de Laurier,
qui se courboient à terre, triomphe des nations estrangeres qui
doiuent rendre hommage à ta
grãdeur & flechir soubz tes loix,
Les lys tousiours blãchissant ne
flestrirõt iamais, puis que le Ciel
les arrouse de l'eau de ses celestes
influences, conuertis tes pleurs
en joyes, & fay retétir l'alegresse
par tout l'Vniuers du Triom-
phant retour du Conseruateur
de tes priuileges: Ce n'est pas de

cette heure que les estrangers tra-
ment nostre perte (enuieux qu'ils
sont de nos ayses)ils ne peuuét nous
surmóter que par nostre des-vnion,
aussi n'est-ce que d'elle seulle que
doit finir nostre franchise : Vnissons
nous donc autant francs de courage
que François de Nation, afin de triompher de ceux qui cuidás rempor-
ter de la gloire de nostre dommage,
nous croyoient proches de nostre
ruyne. Soyons tousiours fideles ser-
uiteurs à nostre grand R o y, que
desormais nul ne s'esgare de son obe-
issance, faisons luy sans fin hómage
de nostre fidelité, il n'a d'autre plus
particulier desir que de mettre en
paix son Royaume, & cherir ses su-
jets obeissant à sa Majesté : Ne per-
secutons plus nostre Patrie, Comba-
tons pour elle, Tournons visage, &
donnons luy par nos conquestes le

Diadefme Imperial, Tout rit à nos
defirs, & le Ciel fauorife nos inten-
tions : Ne foyons pas retifs à vne fi
belle ambition : Plantons la Palme
du Chriftianifme dans les terres Infi-
delles , faifans recognoiftre à ces
Tartares vagabôs la difference qu'il
y a de la lumiere aux tenebres, Il y a
long temps que ces beaux deffeins
enfantez de l'efprit plus diuin qu'-
humain de noftre Grand Henry,
euffent efté executez, fi l'enfer n'euft
produit vn malheureux parricide,
qui d'vn coup luy ofta fon defir &
fa vie. Ia l'Aigle Imperialle feroit
jointe à nos Lys, fans le trefpas de ce
tant regretté & Magnanime Prince.
Noftre genereux Roy fon fils accô-
pagné de fa Martialle humeur, ira
en peu de iours, aydant Dieu, faire
cognoiftre fon nom dans ces terres
eftrangeres, & fa gloire volant par

l'vniuers, fera ployer tout le monde
au bruit de ſes Armes. Dieu nous le
conſerue, & le garantiſſant des em-
buſches des ennemis de ſon Eſtat, le
face heureuſement & paiſiblement
regner, ſon ſainct zele & ſa deuotieu-
ſe ardeur à combattre, promettét de
merueilleux effects de ſon courage,
il nous en a deſia tant donnez de teſ-
moignages qu'il en faut demeurer
ſur l'admiratiõ, ne pouuans aſſez di-
gnement loüer tant da beaux effects
de Guerre commis au printemps de
ſon aage.

Cependant que tout le monde ad-
mire ſa valeur, les Bourgeois de ſa
ville de Paris ſe ſont armez à l'auantage pour paroiſtre à la veuë de ce
Conquerant, & teſmoigner à ſa Majeſté l'aiſe qu'ils reçoiuent en leurs
ames de ſon heureuſe approche : Ils
luy ont fait vne entrée triomphante,

où l'artifice n'a rien oublié de son
inuention pour luy rendre l'honeur
qui luy appartiet: Tout est en armes,
on n'entend autre chose que le son
des Trópettes, & bruit des Tábours,
Mars & Pallas sont en campagne, les
Magnificences auec lesquelles l'anti-
quité a fait triompher autrefois les
Empereurs, n'esgallent poinr celles
que l'on fait à l'Heureux retour du
Grand & Inuincible Roy Lovys.
L'Eternel conduise tousiours ses
desseins, augmente sa gloire & ac-
croisse son Estat, Vive le Roy.

FIN